L'EUROPE

ET LA

CONFÉRENCE

LETTRE A M. GLADSTONE

premier ministre d'Angleterre

Bruxelles.— Imprimerie de A.-N. Lebègue et Ce, 6, rue Terrarcken.

L'EUROPE

ET LA

CONFÉRENCE

LETTRE A M. GLADSTONE

premier ministre d'Angleterre

PAR

M. ANTOINE LEFEBVRE

BRUXELLES
OFFICE DE PUBLICITÉ
IMPRIMERIE DE A.-N. LEBÈGUE ET COMPAGNIE
RUE TERRARCKEN, 6

1871

L'EUROPE ET LA CONFÉRENCE

LETTRE A M. GLADSTONE

Premier ministre d'Angleterre.

MONSIEUR LE MINISTRE,

Le spectacle effroyable auquel la lutte prolongée de la France et de la Prusse nous fait assister depuis de longs mois, pèse d'un poids trop lourd sur toutes les consciences humaines, pour que le temps ne soit pas venu de se demander s'il existe encore une Europe et si la civilisation, à laquelle elle prétend être arrivée, n'est pas un vain mot. Il convient aussi de rechercher si l'abdication de gouvernements qui, jusqu'ici, avaient joué un rôle important sur notre continent n'est pas de nature à amener des convulsions terribles, qui feraient de la fin de ce siècle une des périodes les plus tourmentées et les plus sanglantes de l'histoire. Au moment où va se réunir une conférence européenne, ces deux questions s'imposent à tous et Votre Excellence, qui, moins que personne, pourrait en méconnaître la gravité, voudra bien excuser ma hardiesse, si j'ose adresser quelques courtes réflexions, où le respect n'exclut pas la franchise, à l'homme d'État illustre qui dans les conjonctures actuelles a le périlleux honneur de diriger les destinées de l'Angleterre.

Il n'est certes personne, à l'heure qu'il est, dont la vue soit assez courte pour ne pas se rendre compte que la guerre actuelle a perdu le caractère qu'elle avait au début, d'un duel entre deux gouvernements rivaux.

Après les victoires de Reichshofen et de Sedan, l'Allemagne était faite et son indépendance assurée. Il n'y avait plus d'armée française que celle qui restait bloquée dans Metz; l'empereur Napoléon était tombé de son trône, et le gouvernement qui lui succédait poussait l'abnégation jusqu'à faire amende honorable, en déclarant que la guerre entreprise par la France avait été injuste dans son principe. Personne ne contestera qu'une paix durable eût pu, à ce moment plus qu'à aucun autre, être conclue par une médiation européenne, qui aurait fait accepter la base du démantèlement des forteresses.

En moins de deux mois, le roi Guillaume avait défait tous les adversaires que dans une proclamation solennelle il s'était donnés, et atteint tous les résultats auxquels loyalement il pouvait prétendre. S'il allait plus loin, c'était une guerre nouvelle qu'il commençait avec le secret dessein d'écraser la France. — L'investissement de Paris, après l'entrevue de

Ferrières et, plus tard, lorsqu'il fut question pour la seconde fois d'un armistice, le refus de laisser ravitailler Paris, ont prouvé que telle était sa pensée; la revendication de l'Alsace et de la Lorraine n'était qu'un prétexte pour arriver à cette fin. Une cession de territoire, en effet, ne pouvait être sérieusement exigée d'un pays surpris plutôt qu'accablé et il était facile de prévoir qu'une nation fière et patriote défendrait jusqu'à la dernière goutte de sang des provinces dont les récentes souffrances contribuaient encore à resserrer, en les rendant plus respectables, les liens qui les rattachaient à la France. Déchirer un pareil contrat, au moment où il était scellé du même sang, eût été une honte dont il aurait été impossible de se relever.

Depuis trois mois, l'Europe est spectatrice de l'exécution en quelque sorte mathématique d'un plan trop merveilleusement réalisé pour n'avoir pas été froidement conçu et mûrement préparé. Dans l'état d'indifférence des esprits, il paraîtrait malheureusement puéril de reprocher à la Prusse les ruines qu'elle entasse derrière elle et dont, par une dérision qu'elle pourrait épargner, elle annonce l'intention de se faire indemniser par les victimes elles-mêmes, mais peut-être est-il permis de compter les milliers de cadavres que les armées prussiennes et surtout bavaroise, wurtembourgeoise et saxonne ont déjà semés et sèment encore sur la route qu'on les condamne à parcourir, et de se demander s'il est besoin de tant de sang pour donner de l'éclat à la pourpre impériale.

Mais quelle est donc cette nécessité de mettre un tel prix à l'écrasement d'un peuple, alors qu'il aurait été si facile au vainqueur d'arrêter la guerre, avant qu'elle eût créé des haines éternelles. En face de la puissance d'agression que vient de révéler la Prusse, le présent ne saurait, à coup sûr, la justifier; elle ne peut s'expliquer que par les rancunes du passé ou les rêves de l'avenir.

Certes, le sol de l'Allemagne a été bien des

fois foulé par les soldats de Louis XIV et de Napoléon, et bien des noms allemands sont devenus des gloires françaises, mais la Prusse, avec toute l'Europe, n'a-t-elle pas déjà pris, il y a cinquante ans, une double revanche qui devrait suffire à son orgueil? Grâce à ce qu'on osait appeler, il y a quelques mois encore, les progrès de la civilisation, les peuples paraissaient, d'ailleurs, avoir oublié tous ces souvenirs amers, et, d'autre part, quelqu'idée que l'on se fasse des conceptions du roi Guillaume ou des principes de son ministre, ce serait évidemment trop abaisser ces deux hauts personnages que de voir en eux de simples parvenus qui abuseraient de la fortune, pour n'être pas accoutumés à en user. Il convient de leur attribuer des visées plus vastes, sinon plus élevées et de reconnaître qne l'ambition au moins les guide, à défaut de la grandeur.

En prenant au moment opportun des précautions qui dénotent plus d'habileté que de confiance, la Russie s'est, du reste, chargée d'éclairer l'Europe sur l'avenir qui se prépare. S'il est permis d'emprunter le langage des fables où se résume la sagesse des nations, on peut dire, qu'instruit par l'expérience, Raton ne veut plus tirer pour son complice les marrons du feu, sans s'être d'abord assuré sa part. Les marrons, cette fois, sont les traités, et il s'agit, à n'en pas douter, de déchirer systématiquement le droit public qui faisait jusqu'ici la base de la paix entre les peuples. Hésite-t-on à le croire? Que l'on jette les yeux de l'Orient à l'Occident. L'encre n'a pas séché sur le traité du Luxembourg qu'il est déjà menacé d'aller rejoindre dans l'arsenal des vieilles choses qui ont fait leur temps, le traité de 1851 dénoncé, il y a quelques jours à peine, par la Russie. C'est là l'œuvre pour laquelle les deux chancelleries du Nord ont résolu de mettre leurs peuples en mouvement. Le décret est rendu : Les faibles sont condamnés à périr; désormais, il n'y a plus de place que pour les forts en attendant qu'ils se déchirent entr'eux. En un mot, *la force prime le droit* : telle est la devise pour laquelle des milliers d'existences doivent être sacrifiées.

Pour l'observateur attentif, il est aisé de reconnaître, à ces premiers symptômes, la politique qui a présidé, il y a un siècle, au partage de la Pologne, mais il ne saurait échapper à personne que l'Europe assiste en ce moment à la contre-partie, sinon à la revanche de la guerre de Crimée. Les acteurs occupent encore les mêmes places : d'un côté de la scène se tiennent aujourd'hui, comme alors, la Russie et la Prusse, celle-ci seulement jouant le premier rôle, et, de l'autre, les puissances qui, à cette époque, étaient avec plus ou moins d'ardeur comme avec plus ou moins d'intérêt, les représentants de l'ordre public, de l'équilibre, du droit. Mais que la pièce est changée, tout est absolument renversé! Tandis que l'union la plus intime règne entre les cabinets de Berlin et de Saint-Pétersbourg, la division a partout ailleurs créé l'impuissance.

Que l'on regarde l'Angleterre! Se désintéressant de plus en plus de l'Europe qui semble n'être plus pour elle qu'un marché de second ordre, elle se cantonne chaque jour davantage, dans une politique exclusivement commerciale et un de ses journaux les plus accrédités a été jusqu'à dire qu'à l'heure actuelle la seule préoccupation du cabinet de Londres devait être de savoir jusqu'à quel point l'existence de la la France était nécessaire à la prospérité des Iles Britanniques. Sous l'influence de ses origines, de sa religion, d'alliances de famille même, elle voit d'ailleurs sans regret s'élever sur le continent une Allemagne puissante, à laquelle elle se plait à attribuer le caractère purement défensif, qui était l'apanage de la Confédération germanique.

L'Autriche a, certes, le droit d'être moins confiante; mais, partagée en deux royaumes plutôt rivaux qu'unis, elle ne peut retrouver la cohésion qu'au cas d'une agression qui mettrait en péril son existence, au profit d'ambitions voisines. Malgré les dangers qu'il prévoit, son gouvernement ne peut sortir de sa neutralité, sans y être provoqué, au moins, par une ligue européenne.

Quant à l'Italie, les profits qu'elle a su tirer des luttes des quinze dernières années sont trop considérables, pour qu'elle se prenne à redouter de nouvelles complications; elle a, du reste, pour demeurer spectatrice indifférente, le prétexte d'une dette de reconnaissance à l'égard des deux belligérants, et peut-être même croit-elle sa domination, à Rome, plus assurée par les succès de la Prusse protestante, que par ceux de la France catholique.

Si l'on ajoute à ce tableau, que la gloire militaire a cédé, dans l'âme humaine, la place à l'horreur de la guerre, et, d'autre part, que la forme républicaine à laquelle la France a été conduite par les événements, soulève quelque terreur non-seulement dans les cours, mais encore auprès d'un grand nombre de conservateurs, on se sera fait, je crois, une idée assez exacte des raisons qui expliquent, sans toutefois la justifier, l'abstention coupable de l'Europe, en présence du meurtre continu de tant de milliers d'hommes.

Mais ce n'est pas la pitié de l'Europe, c'est son appui raisonné qu'il faut demander pour la France. Pour plaider cette cause, il n'est pas nécessaire d'être prophète; il suffit d'être quelque peu clairvoyant.

Quelle serait, en effet, la situation, après le triomphe de la Prusse, si la France devait être réduite au rôle d'État de second ordre, c'est-à-dire condamnée, pendant quelque temps, à ne plus élever la voix dans le concert des puissances? Deux mots suffisent pour l'esquisser à grands traits : Coalisées et armées, la Prusse et la Russie dirigeraient, dès le lendemain, leur politique contre l'Autriche divisée et isolée; et, pour renouveler jusque dans ses détails l'acte qui a jeté de si sinistres lueurs sur la fin du dernier siècle, il suffirait à leurs souverains, de s'entendre avec le roi Victor-Emmanuel qui, comme autrefois Marie-Thérèse, accepterait, peut-être à regret, mais enfin ne ferait aucune difficulté de prendre, dans le Tyrol italien, sa part de gâteau. L'empire germanique, plus fort qu'il ne fut jamais, renaîtrait ainsi, dans la maison de Hohenzollern, dont il a été le rêve continuel, et un long temps ne s'écoulerait pas avant qu'il s'étendît des bouches de la Meuse et de l'Escaut au port de Trieste, broyant sur son passage toutes les indépendances qui lui feraient obstacle. Puis viendrait le tour de l'empire turc, dont la résistance ne serait pas plus longue que celle de l'Autriche, et la Russie, maîtresse de la Méditerranée, ferait sentir sa puissance jusque dans les Indes.

Ces hypothèses n'ont assurément rien d'exagéré; si elles devaient se réaliser, quel serait, en tout cas, le gouvernement qui, sans le concours de la France, pourrait y opposer une barrière? La chute, ou, si l'on préfère l'éclipse momentanée de la France, entraînerait ainsi celle de l'Europe occidentale, et le déplacement des idées qui présiderait à la direction des affaires serait au moins aussi considérable que celui de l'équilibre politique.

Si ce danger existe, si à travers la fumée des batailles, des combinaisons politiques froidement méditées se détachent d'une manière lugubre, est-il possible que les coups de canon qui émeuvent nos cœurs ne frappent pas aussi nos intelligences! Et s'il est déjà tard pour conjurer le péril, l'Europe doit-elle laisser échapper la dernière planche de salut qui s'offre encore à elle, et qui lui est en quelque sorte fournie par la cupidité de ses adversaires eux-mêmes?

La conférence qui doit se réunir à Londres le 3 janvier tiendra entre ses mains le sort de l'Europe pendant nombre d'années. Même si ses débats sont restreints à la navigation de la mer Noire, elle aura à se prononcer entre deux principes contraires, celui du Droit et celui de la Force, entre la liberté des peuples et l'insolence de la conquête ; c'est la question qui est posée aujourd'hui sur les rives du Bosphore comme aux bords de la Seine; c'est la même, c'est la seule! De la résolution qui sera prise dépend l'avenir de l'Europe. Que l'Autriche, en déposant son vote, songe au sort de la Pologne! Que l'Italie hésite avant de couronner par un attentat contre la France l'œuvre commencée à Tracktir et achevée sur les champs de bataille de Magenta et de Solferino! Que l'Angleterre, à son tour, se rappelle que l'époque de sa grandeur a été précisément celle où, seule pendant vingt ans, elle a lutté pour la défense des principes conservateurs contre un homme de génie, souverain d'un grand empire et allié tour à tour à toutes les puissances de l'Europe; qu'elle n'oublie pas le désintéressement avec lequel la France a su faire, quelques années plus tard, litière de toutes ses rancunes pour rester même, sous le neveu de Napoléon, fidèle à l'alliance anglaise; que le respect d'un traité signé en commun après une guerre commune la ramène enfin à sa politique traditionnelle!

Par sa généreuse initiative, comme par son inépuisable charité, le peuple anglais vient de prouver, en venant largement au secours des victimes de la guerre, qu'il avait su conserver et même augmenter son héritage de vertus. Eh bien! que le gouvernement anglais soit à la hauteur du peuple anglais! Que lui aussi soit un héritier consciencieux des obligations contractées, et qu'il ne laisse pas protester sa signature. L'Angleterre le doit à elle-même autant qu'aux États neutres dont l'indépendance est sous sa sauvegarde et qui sont sa force sur le continent; dans la crise que traverse l'Europe, elle le doit enfin à l'humanité.

Si malgré les menaces que renferme l'avenir, la voix du canon doit cependant étouffer celle de la justice, si, devant l'Europe assemblée, la Force est proclamée supérieure au Droit, la France aura du moins cet honneur de n'avoir pas démenti son passé et d'avoir combattu la dernière pour la cause de la civilisation, alors qu'elle était abandonné de tous. Sans remords, elle pourra aussi succomber sans regret, car sa place ne sera plus dans un monde livré à l'oppression. Le phare qu'elle a porté si longtemps d'une main ferme, et vers lequel aucun affligé n'aura tourné ses pas sans rencontrer un appui, et souvent le salut, ne sera malheureusement relevé par personne, le jour où il tombera de ses mains défaillantes. La France ne serait-elle pas déjà sauvée si les nations qu'elle a secourues en avaient seulement gardé quelque mémoire! Et à la faveur de l'obscurité, l'esprit de conquête règnera, et ce ne sera plus cette fois un royaume, mais un continent dont les héritiers de Frédéric et de Catherine se partageront les dépouilles. Impuissante à arrêter cette œuvre de destruction, l'Europe alors appréciera la justesse des coups qui se portent en ce moment, et des calculs qui les guident; elle apercevra, mais, hélas! trop tard, l'abîme insondable que, pour le malheur du monde, devra laisser derrière lui le naufrage d'un peuple trop grand pour que sa place puisse, sans danger, rester vide, d'un peuple dont les fautes et les travers ne sauraient faire oublier le rôle bienfaisant qu'il a joué dans l'histoire; qui, après avoir marqué deux siècles de son sceau, a été le grand propagateur des idées modernes en versant peut-être plus de sang pour les autres que pour lui-même, dont les défaites ont été héroïques et admirées à l'égal des victoires, quelquefois même pleurées par les causes les plus justes, à qui, enfin, est échu le don rare sinon unique de s'assimiler les vaincus au point d'en faire des citoyens dévoués, et qui, à l'heure qu'il est, a la singulière et glorieuse fortune de soutenir le bon droit en défendant contre l'Allemagne envahissante une population allemande qui veut rester française.

C'est avec respect et aussi avec confiance, Monsieur le ministre, que je prends la liberté de soumettre à la haute appréciation de Votre Excellence les réflexions précédentes qui, je crois, sont celles de beaucoup d'esprits plus préoccupés encore de l'avenir qu'affligés du présent. En terminant cette lettre déjà trop longue, je n'ajouterai que deux mots. M. de Bismark aurait dit récemment qu'il n'existait plus d'Europe et qu'il ne connaissait que la Prusse. Je ne sais si cette parole hautaine a été prononcée; les faits, en tout cas, ne sauraient lui donner un démenti. Mais il est, à coup sûr, une autre puissance qui, demain, aura le droit de dire à son tour : « Il n'y a plus d'Europe; » cette puissance, c'est la France, que l'abandon où elle est laissée aura déliée de tous ses devoirs et de toutes ses obligations. De quelque côté que l'on tourne les yeux, on arrive infailliblement à cette conclusion que, chaque coup de canon est, aujourd'hui, tiré contre l'Europe, et que la guerre prolongée entre la France et la Prusse doit tout renverser, si elle n'est elle-même arrêtée?

Je ne vous étonnerai pas, monsieur le ministre, en rendant à l'Angleterre ce légitime hommage qu'elle seule a le pouvoir d'opposer une barrière à ce danger. Son passé lui impose même ce rôle, et pour y rester fidèle, elle n'a d'ailleurs besoin que d'élever la voix, certaine d'être aussitôt entendue par tous les États, petits ou grands, menacés aujourd'hui de vassalité, sinon dans leur existence même. — Sans qu'il soit probablement nécessaire de recourir aux armes, l'Europe, en répondant à l'appel du gouvernement anglais, suffirait ainsi à sauver l'Europe. Mais que le cabinet de Londres qui a cette puissance, ne méconnaisse pas que sa responsabilité est égale. Si alors qu'il lui suffit de parler, l'Angleterre reste muette, c'est elle qui, devant l'histoire, portera le fardeau des faits accomplis; et qui sait si, après avoir laissé prononcer la déchéance de l'Europe, elle ne devra pas un jour courber la tête devant une politique de coalition qui, au profit de la Russie et des États-Unis, l'excluera de deux autres continents, l'Asie et l'Amérique. C'est ce redoutable problème qui se dresse devant vous, monsieur le ministre; jamais homme d'État ne fut en présence d'une tâche plus grande; puisse l'Angleterre avoir la fortune d'inscrire, dans ses annales, le nom de Gladstone à côté de celui de Pitt.

Mais que les destins s'accomplissent! Le monde est soumis à des lois qui ne peuvent être impunément violées.

Veuillez agréer.

ANTOINE LEFEBVRE.

25 décembre 1870.

www.ingramcontent.com/pod-product-compliance
Ingram Content Group UK Ltd.
Pitfield, Milton Keynes, MK11 3LW, UK
UKHW032036260826
14628UKWH00007B/3002

9 782012 393288